I0540672

Jouw Leger van Euro Soldaatjes

Kleurboek

door Luisa Tennant

Geïllustreerd door: Joe Huffman

Jouw Leger van euro Soldaatjes
Kleurboek

door
Luisa Tennant

Geillustreerd door: Joe Huffman

ARPress
ILLUMINATING IDEAS.
EMPOWERING VOICES

Copyright © 2025 door Luisa Tennant

Alle rechten voorbehouden. Geen enkel deel van deze uitgave mag worden gereproduceerd, verspreid of overgedragen in welke vorm of op welke manier dan ook, inclusief fotokopieën, opnames of andere elektronische of mechanische methoden, zonder voorafgaande schriftelijke toestemming van de copyright-eigenaar en uitgever. Voor toestemming kun je contact opnemen met de uitgever op het onderstaande adres.

ARPress
45 Dan Road Suite 5
Canton, MA 02021

Hotline: 1(888) 821-0229
Fax: 1(508) 545-7580

Bestelinformatie:
Speciale kortingen zijn beschikbaar voor grote afnames door bedrijven, verenigingen en andere organisaties. Neem voor details contact op met de uitgever.

Gedrukt in de Verenigde Staten van Amerika.

ISBN-13:
    Softcover   979-8-89676-050-4
    eBook   979-8-89676-051-1

Library of Congress Control Number: 2025901516

Tijdens je leven zul je een heel leger aan euro soldaatjes krijgen.

En deze soldaatjes hebben een belangrijke taak.

Jou beschermen tegen allerlei problemen!

Deze euro soldaatjes zijn heel kostbaar en ze zijn bereid om naar je te luisteren zo doen ze bijna alles wat je wilt!

Je bent nu nog maar een kind, maar later, als je een leger van euro soldaatjes hebt, word je hun leider.

Als leider moet je weten welke opdrachten je moet geven.

Hij moet leren ons de weg te wijzen!

Hij moet leren hoe die om euro soldaten kan maken die hem de rest van zijn leven beschermen!

Eerst moeten we weten hoe we euro
soldaatjes krijgen

How?

Maar hoe doen we dat?

Dat doen we door het leven van anderen
beter te maken!

Begin bijvoorbeeld met klusjes voor je ouders!

4.

Of help de buurman of buurvrouw.

5.

Hoe je ook kleine euro soldaten maakt, het is altijd omdat je het leven van een ander persoon beter hebt gemaakt!

8.

Stel je voor dat je een leger van 20 euro soldaatjes hebt verdiend.

Als een echte leider moet je deze kleine euro soldaatjes inzetten om goede dingen te doen.

We gaan kijken hoe je ze kunt inzetten zodat jouw kleine euro soldaten je de rest van je leven kunnen beschermen!

De eerste 2 euro soldaatjes geef je altijd de opdracht om in je Vrijheidspotje te springen.

Eerst zullen die kleine
euro soldaatjes in de pot leven.
Maar als de pot vol raakt zul je de
euro soldaatjes naar de bank moeten sturen.
Daar zullen de kleine euro soldaatjes meer soldaatjes
aantrekken. En kunnen ze groeien en groeien en groeien.
Deze euro soldaatjes zullen de rest van je leven bij je blijven!

De volgende 2 euro-soldaatjes stuur je naar je School Potje.

Kleine euro soldaatjes houden namelijk van leiders die kunnen lezen en schrijven.

Het is ook superbelangrijk om te kunnen rekenen!

Als je klaar bent met school, kun je je kleine euro soldaatjes beter besturen. Dan willen ze je de rest van je leven helpen.

13.

Als echte leider stuur je ook 2 euro soldaatjes naar een goed doel.
Niet iedereen heeft namelijk 20 kleine euro soldaten zoals jij.

Je hoeft niet alles te geven wat je hebt, maar het is goed om een klein beetje te geven.

Dit maakt je een beter mens en het zal helpen de wereld beter te maken.

Veel leiders willen iets speciaals in hun leven.

Maar 20 kleine euro soldaatjes is vaak niet genoeg. Dus leiders moeten minstens 2 van hun kleine euro soldaatjes sturen naar de spaarpot.

Net als de Vrijheidspot worden deze 2 kleine euro soldaatjes vergezeld door andere soldaten totdat er genoeg soldaatjes zijn om iets super leuks mee te kopen!

Je kunt dan, met toestemming van je ouders, iets leuks kopen!

Nu zijn er 12 kleine euro soldaatjes om mee te doen wat jij leuk vindt!

Hun taak is om jou naar speciale plekken te brengen die jou gelukkig en blij maken!

Jij en je vrienden kunnen lekker gamen!

Als je niet genoeg euro soldaatjes hebt om de dingen te doen die je wilt doen, kun je ze in je Speelpot stoppen en sparen voor leuke dingen later.

Wanneer die soldaatjes dan worden samengevoegd met anderen, kun je dingen doen die wat duurder zijn.

Bijvoorbeeld, jij en je vrienden kunnen een dagje naar het zwembad gaan!

Of midgetgolf spelen!

22.

Of een film kijken in de bioscoop!

Terwijl je wacht tot je genoeg euro soldaatjes hebt om de allerleukste dingen mee te betalen, kun je genieten van gratis dingen!

25.

Library

26.

Nu moeten we naar de rest van het verhaal kijken...

Op een dag ben je volwassen.

Op dit moment kun je met 12 euro soldaatjes precies doen wat je maar wilt.

Maar in de toekomst zul je nog 2 extra potten moeten hebben.

LIVING ACCOUNT

TAXES

Je moet ook een Leefpot hebben.

Nadat je euro soldaatjes hebt gestuurd naar de Vrijheidspot, Schoolpot, Goede Doelen Pot, Spaarpot en Speelpot, zal het grootste deel van de rest van je euro soldaatjes naar de Leefpot toegaan om jou te helpen met het leven.

LIVING ACCOUNT

29.

Je zult op een dag met die euro soldaatjes een heel mooi huis kopen,

30.

En lekker avondeten mee kunnen kopen,

31.

En hout voor in de kachel!

MEN'S

Maar ook kleren die je kunt dragen.

Je hebt euro soldaatjes nodig die je gezond en sterk kunnen houden.

De volgende opdracht die je aan je kleine euro soldaatjes geeft, is om belasting te betalen.

Veel volwassenen vinden het niet leuk om belasting te betalen.

Maar belastingen zijn heel belangrijk!

TAXES

De belastingpot betaalt de politie!

36.

En ook de brandweer wordt betaald met de belastingpot.

En de grote vuilniswagen die
al het vuilnis opruimt ook.

Met de belastingpot wordt zelfs het leger betaald!

Kleine euro soldaatjes waarmee je belasting betaalt, helpen het hele land veilig en schoon te houden.

Door het leven van andere mensen beter te maken, zullen je kleine euro soldaatjes van je gaan houden en doen wat jij wilt dat ze doen.

Als je je soldaatjes goed behandelt, zullen ze je altijd het allerbeste geven.

Ze zullen je warm en veilig houden voor de rest van je leven!

Wij hopen dat jouw eigen leger aan euro soldaatjes jou veilig en gelukkig houden!

41.

Bericht Aan Alle Ouders
Een Addendum
Door Luisa Tennant

Jouw euro leger leert kinderen de basisprincipes van geldbeheer. Maar jullie als ouders weten dat er meer bij komt kijken, vooral als het gaat om de Vrijheidspot.

Zodra je kinderen het concept van de potjes begrijpen, kun je hen naarmate ze ouder worden aanvullende ideeën introduceren. Dit helpt hen een gelukkig en zorgeloos leven op te bouwen. Misschien kunnen ze zelfs avonturen beleven en unieke carrières leiden.

Hoewel belastingen belangrijk zijn, is het ook verstandig om ze legaal binnen de perken te houden en niet te veel te betalen. Daarom is het goed om kinderen ook vertrouwd te maken met de volgende regelingen.

Belastbare Investeringen	Belastinguitgestelde Investeringen	Belastingvrije Investeringen
Aandelen en Obligaties	Traditionele IRA's	Roth IRA's
Beleggingsfondsen	401(k)'s en 403(b)'s	Permanente Levensverzekering
Spaarrekeningen	Lijfrentes	Gemeentelijke Obligaties
Depositocerti caten		Studiespaarplannen
Cryptovaluta		

Of je nu een expert bent of deze onderwerpen ingewikkeld vindt, het is altijd nuttig om (bijna) alles hierover te weten. Daarom moedig ik je aan om je school te overtuigen om nanciële educatie, afgestemd op de leeftijd, gedurende de hele schoolcarrière van je kinderen te ontwikkelen. Sommige scholen doen dit al.

Hoe beter kinderen leren omgaan met geld, hoe meer de wereld hiervan pro teert. Jullie, als ouders, kunnen dan trots zijn op de nalatenschap die jullie achterlaten.

www.ingramcontent.com/pod-product-compliance
Lightning Source LLC
Chambersburg PA
CBHW081540120626
46550CB00009B/2812